JN438537

별숲에 들다

별숲에 들다

이효순 시집

| 시인의 말 |

슬픔처럼 시가 왔다
그리움처럼 썼다
꺼내보니
십년 넘게 키운 아이들이 많다
시의 심장에 빛을 긋는다
나의 시들이 별빛이 되어
위로와 희망이 되기를.

숨……

2012년 꽃보다 아름다운 계절에

이 효 순

차례

제1부_ 바다가 걸어나와

제2부_ 별숲에 들다

제3부_ 하늘을 닮은 그대

제4부_ 연듯빛 애벌레 하늘을 날다

제1부
바다가 걸어나와

발자국이 없다

새들이 지나간
하늘에는 새의 발자국이 없다
별들은 총총총 떠 있는데
하늘에는 별의 발자국이 없다
물새들이 밟고 간
바다에는 물새의 발자국이 없다
나는 세상에 발붙이고 사는데
세상에는 내가 밟고 간
발자국이 없다

나를 빨아 널다

마음이 흔들릴 때면
하늘 아래 파란 구름을 배경으로
밑줄 한 줄 거침없이 그렸습니다
바람이 가끔 기웃거렸고
햇살이
정열적인 햇빛 토해내면
두 팔 걷어붙이고 연례행사처럼
찌든 빨래 싹싹 빨아
털어내며
밑줄 친 허공에 널어댑니다

지난 날 좀체 읽히지 않던
마른 버짐 푸석이던 얼굴
씻고 또 씻어내며 삶에 찌든 나를 빨아
밑줄 한 줄 그려보고 싶었던 날 있었지요
모든 걸 던져버리고
통통,
날아오르고 싶었던 날 있었지요
그래요 내겐
눈부시게
햇살이 아까운 날 있었지요

바다가 걸어나와

내리 두 날 제첩국을 끓였다
하얗게 증발한
바닷물의 얼룩진 제첩국이
뚝배기에서 부글부글
온 집안에 바다 냄새 가득하다

그리움이 노을처럼
몰려오는 저녁
벚꽃처럼 환한 사람냄새

제첩국에서
바다를 만나는 날
그리움은 만선이다

달맞이꽃

초저녁 샛별 뜰 때
달빛으로
달맞이꽃 환하게 피고
사랑해요
사랑해요
죽도록 사랑해요
보고 싶어도
꾹꾹 참고
임 오시기만 기다렸어요
오늘 죽을 것처럼 뜨겁게
온몸으로 애교 떨며
화르르 화르르
사랑 고백하는
저, 달
저, 꽃

가을 털이

가을에는
터는 일이 참 많아졌지요
참깨 터는 고소한 냄새 가득
청설모 큰 눈 데구루루 굴리며
타닥 타닥
도토리 털어
등산객들 줍더니

오늘은
밤송이 타작해
밤을 줍고 있지요
내일은 아마
은행털이가 시작될 거예요
파란 하늘 그리움 한가득
초록빛 은행이 두리둥실
털릴 거예요

털은 몇 개의 도토리와
털은 몇 개의 알밤과
털은 몇 개의 초록빛 은행 담아

한두 겹 무딘 칼날 세워
이제 당신이
저를 털어주세요

이렇게 좋은 봄날에

꽃은 때가 되면 지고 핀다

햇살 달린다
뿌리에서 뿌리로
깊게 더 깊게
햇빛은
어떤 꽃의 빛깔도 바꾸지 못했지만
햇빛을 모조리 끌어올려
봄을 덮쳤다

꽃피는 봄날에도
꼭 · 꼭 · 꼭
숨고 싶을 때가 있다

봄을 누가 아름답다고 했는가

봄은 고개를 내미는 초록을
땅으로 땅으로
하늘로 하늘로
끌어당기는 힘이 있다

이렇게 좋은 봄날에

몸살

두들겨 맞은 듯이
아프게 보낸 하루
몸이 아리다
아무것도 한 일이 없는데

가끔은
사는 것이
그렁그렁
시큰둥할 때
별처럼 소름 돋는 몸
발끝까지 아려오고

내 몸에도 꽃,
피려나 보다

먼지를 먹는 여자

푸른 자전거를 타고
바닷가 우체국에 갔지
바다가 보이는 뿌연 창문 틈
오랫동안 둔탁하게 쌓였던
먼지를 먹는 여자를 보았어

그 여자 기야동 기야동
힘차게 돌아가고 있었지
먼지를 먹을 때마다 더욱 더
붉어지는 뺨을 보았어

곤히 잠들어 있던 바닷가
섬마을 깊은 자궁 속에서는
여자의 아이가 자란다지
바닷가 뿌연 창문에
해초처럼 피어 있는
먼지가 생명줄이라지

묵은 먼지 속 바닷가 우체국
세월을 털어내며
먼지를 먹는 여자

언제
바다에 닿을 수 있을까

슬픔이 또 다른 슬픔에게

여름, 뜨거웠던 열정
수줍은 가을에게 바통을 넘기고
한들한들 가냘프게 여울지는
코스모스에게서 슬픔을 느끼는 계절
눈 돌리는 곳마다
탱탱하게 차오르는 바람
한가하게 노니는 햇살
시방 천지는 가슴앓이로
몸 뒤척이는 소리 뜨겁고

소리 소문 없이 성큼성큼
마음의 빗장 활짝 열어젖히는
가을이 오면
낮은 자세로
물잠자리 폴짝폴짝 날고
또르르 낙엽 구르는 소리에
서로 마음 포개기 좋은 계절

슬픔이 또 다른 슬픔에게
무릎담요를 살포시 덮어 주는

가을이 오면
꽃보다 아름다운 가을이 오면
당신을 뜨겁게 사랑하겠습니다

슬프도록 그리운 사람아

낙엽 편지

그대를 사랑함은
폭풍이 불어도
내 마음 해바라기처럼
흔들리지 않고
늘 그 자리 한마음으로
그대 곁에 머물러 있어요

그대 발자국 소리
푸들푸들
귓불에 뜨겁게 타올라
사랑은 태울수록
내 마음속
보석 상자처럼 빛나고

그대를 사랑함은
쓸쓸하여
지극히 쓸쓸하여
작고 하찮은 것에

마음 쓸 줄 아는
성숙한 인간으로
거듭나는 것을
그대 알까요

올해도 어김없이
낙엽 지는 계절이 오면
활화산처럼 타올라
뜨거워진 내 마음
주체할 수 없어
당신 곁을 맴도는
낙엽이 나인 줄
그대 알까요

폭설

밤새 안녕이라는 틈 사이로
한 잎 한 잎 내리던 눈은
쌓였던 그리움 켜켜이
블랙홀처럼 까마득해지는 날이 있다

목련꽃 같은 눈꽃송이
드문드문 낯선 시간만 피어
그에게 전화를 건다

내게 와 줄 수 있어?

눈 내리는 숲 앙상한 나뭇가지
얹혀 있는 햇솜처럼
가슴이 아려

휘몰아치는
저, 눈발처럼
뜨거웠던 적 있었나

그대,
사랑조차도 사치가 되는가

사랑했던가
사랑하고 있기는 한 걸까.
사랑하고 있기는 한 걸까?

사람이 그리운 날에는

나무는 나무들끼리
새는 새들끼리
바람 소리 흔들며
별빛 같은 눈망울로
외로움 토해내는데
나는 그 누가 있어
외로움 달래나

그 누가 있어

어떤 하루

하루가 쭈뼛쭈뼛
두통처럼 버거워
잠시 내려 놓은 하루
그 어디에도
나는 없다

새들도 추락할 때가 있다

퇴근 무렵
새까맣게
구름 떼 숲 이루고
김제 평야 넓은 들녘
까마귀 떼 날아들어
천지가 개벽이다

직행버스 창문에
새 한 마리
툭,
한 생애 동안 얻은
부스스한 깃털 하나 휘날리며
다시 날아오를 수 있을까

구름과 바람과 노을과 함께

가끔은
새들도 추락할 때가 있다

봄과 나비

황홀한 꽃냄새
햇살 꼬리치며
시끌벅적
유혹하는 봄

뿌리 깊이
거슬러올라
유배된 시간

참, 짠하다

나와 봄 사이
혹은
봄과 나비처럼

삼거리 칼국수

사방팔방에서
소문난 서천 삼거리 칼국수 집에
칼국수 먹겠다고 들어선 사람들
기다림 또한 바닷가를 한가하게 거니는
청둥오리처럼 자유롭다

마당에 덜렁
칼국수 오천 원이라고 쓰여 있는 간판
싱거워 우리는 주인처럼 친절해지고
여행자처럼 강변에 서 있다

순번을 타 기다리다 먹는 칼국수
입안이 얼얼해지고
머릿속까지 시원해진다
오천 원이라는 가격으로 헤아려지지 않는
표정들, 빠르게 흩어져
모르는 사람들조차
서로 같은 얼굴을 하고 있다
칼국수엔 칼이 없는데
단칼에 모든 것들이 날아가 버린다

쓸쓸했던 기억, 아팠던 추억, 슬펐던 사랑
숫자로 헤아려지지 않는 추억의 편린들이
칼국수 한 그릇에 얼었던 마음까지 녹아든다

서로 다른 기억을 안고
서로의 어깨에 기대어
우리는 칼국수 한 그릇만으로도
같은 목적지에 가 닿고
저마다의 속도로 삶 속을 질주한다

제2부

별숲에 들다

새

길 잃은 새 한 마리
하늘을 날지 못하고
유리창 안에 갇혀 있다
나도 내 안의 길 찾지 못해
갈팡질팡 헤매는 날
유리창 안의 저 새
꼭, 나 같다

가을로 가는 마차

가을로 가는 마차에 몸을 실었다
하늘을 살랑살랑 건드리는 구름과
붉은 나뭇잎의 얼굴을 간지럼 태우는 바람은
아직 네게 닿지 못한 그리움 싣고
햇살 고운 뜰에 미소로 내려앉은
눈부신 축복이다

꿈속의 방

꿈속으로 들어가 보세요
세 평 남짓한 방
그 방에서
꿈꾸며 사는 일은
많이 외롭고
많이 슬프고
많이 아픈 방

그 방에 있다 보면
유리문 틈, 벽, 천장, 바닥
사람들까지
못다 이룬 꿈
일제히 내지르는 푸른 함성

아무도 모를 거예요
소리 하나 지우면
어느새 생겨나고 또 생겨나
귓가에 웅성이며
자극하는지

꿈속으로 들어가 보세요
꿈속에 또 다른 꿈이
흔들어 깨우는지

봄날 풍경

노랑나비 한 마리
갓 틔운 햇살에 겨울 일을
허물없이 털어놓는 소리

언 가슴 해동되고
눈부시게 고운 수런거림
팝콘처럼 터져
시간의 빗장
열어젖히는 꽃망울들

시시콜콜 오랫동안 쌓였던
삶의 고단한 봇짐 풀어놓으며
노랑나비 한 마리
끔벅끔벅 졸고 있다

별숲에 들다

한적한 산자락
도드라진 고운 별들
누가 흔드는지
흰 별 몇 개 깜박깜박

별빛 위로
여린 별들 돌아
별숲이 된
산자락에 들면
별똥별 하나
심장에 빛을 긋고

빛을 품은 시인의
고운 숨소리 들린다

봄

봄은
그리움만큼
아이의 속살처럼 안겨온다

나뭇가지 사이
햇살과 함께 나는 봄
세상 근심 내려놓고
잠들고픈 포근함이다

봄은
엄마의 젖가슴처럼
달콤하다
손끝으로 만져지는 따스함이다

봄은
사람과 사람 속으로
들어오는 행복이다

찬란한 것들

내가 1초 동안 우두커니 멍 때리고 있을 때
지구는 1초 동안 27km를 돈다
내가 1초 동안 아이의 볼에 한 번 뽀뽀할 때
전 세계의 인구는 1초 동안 29명이 는다

내가 1초 동안 눈을 한 번 깜빡이는데
그린란드의 빙하는 1초 동안 1천6백20㎥씩 녹는다
내 마음은 하루에도 수십 번씩 변하는데
2천㎡의 숲은 1초 동안 사막으로 변한다

별은 1초 동안 79개씩 사라지는데
내 추억은 1초 동안 한 개씩 반짝인다
언젠가는 별들도 인간이 될 것이다

내가 1초 동안 한 방울의 눈물을 흘릴 때
런던 올림픽 펜싱경기에서 멈춰진 1초는
사년이라는 시간 동안 흘린 선수의 땀과 눈물방울

찬란한 것들은 세상에 미련이 없는데
미련이 많은 사람들 세상에 든다

시작을 모른다

준하, 다은
별빛처럼 조잘거리며
엄마, 있잖아
할머니는 시작을 몰라
요땡이라고 해

누가 누가
먼저 잠드나 볼까나
누가 누가
먼저 달님 보러 가나
요땡

있잖아
밥을 먹거나
달리기 할 때
우리를 재울 때도
요땡이라고 해

사랑이 익어가는 밤

별빛이 그리우면
아이들의 우주에
추억 하나 늘겠지

시월애

아름다운 추억
간직한
나뭇잎들
여행을 준비합니다

가진 것 작은 몸뚱아리
가벼워서 채울 것 많아
떠나기 좋은 계절

사는 게 뭐 별거 있나요

한 세상
짧고 굵게
살다가는 거지요

그냥
아니 온 듯
뿌리 깊은 나무에
조용히 스며들어
첫사랑처럼
기억되고 싶습니다

부재중

햇빛을 긁어모으는 중입니다

햇빛과 나뭇잎 한 장에
꿈을 담아 나의 숲으로
옮겨다 놓는 작업을 준비 중입니다
한 시절 아름답게 장식할
희망을 키우기 위해

햇살을 모아
햇살을 튀겨
겨울 등이 시리고 외로워
고독한 이들에게
햇살 튀김을 나눠 주려 합니다

봄이 오면
꽃들에게도 선사하겠습니다

맑고 영롱함으로 겨울에 악수하며
봄을 준비할 것입니다
조금만 더 기다려 주십시오

모두를 사랑합니다

유리 바다

쓸쓸한 날
바다에 앉아
흘러가는 것을 내려다본다
흘러가는 것이 어디 물뿐이랴
다만 귀 기울여 유리문 안
깊고 푸른 슬픔 훔쳐보다
깨쳐 산산이 부서지는 나

어디 부서지는 것 바다뿐이랴
어디 깨지는 것 사람뿐이더냐
흘러가는 것은 흐르는 대로
깨지는 것은 깨지도록
내버려 둬라

꿈이 닮았네

아들 준하가 홀연히
“엄마 나는 커서 집배원이 될래요.”하기에
“왜?”
“편지를 배달하면 읽는 사람이
기분이 좋아 행복해지니까.”

다소곳이 듣던 딸 다은이는
“엄마 나는 커서 동그라미가 될 테야.”
“아니, 왜?”
“동그라미가 되면 해처럼 둥글둥글
세상을 구경하며 굴러다닐 수 있으니까.”
호호호, 엄마는
너희들이 달나라에 있어도
제 무게만큼 빛나 행복해지는 것
그래 그래
우리 날마다 행복해지기로 하자

해 질 녘,
알싸한 보랏빛 노을 넘어
내일은 희망입니다

낙엽 편지 2

쥐똥 만한 나뭇잎에
꼬막손으로 꼭꼭 눌러 쓴
잘 익은 아들의 편지

내 몸에서 나 자라는 동안
마냥 푸르고 무성하게 자랄 줄 알았지
잠시 잠깐 바람으로 흔들릴 때도
조용히 지켜보지 못하고
여러 겹 마음에 상처를 입혔다

아이의 인생을 마음대로
조율할 수 있을 거라 생각했지
있는 그대로 받아들이지 못하고
역류하며 힘들게 살려 했던가

내 마음도 알지 못하면서
하물며 자식의 마음
헤아리겠다고 어슬렁거렸던
내가 부끄럽다

아이를 꼭 껴안고

낙엽 편지 속으로 물들어간다

아가에게

햇살처럼 맑고 고운 아가야
세상을 향해 힘겹게
고개 내미느라 고생이 많았지

바다처럼 깊고 푸른 아가야
너의 탄생을 알리는 울음소리
병원이 떠내려갈 듯 우렁찬 건강함에
엄마는 감사하고 행복해서 눈물 흘렸단다

하늘처럼 밝고 투명한 아가야
물오른 꽃봉오리처럼 탱탱한 너의 눈망울
세상에 닿는 곳마다 사랑의 빛
꽃피우고 열매맺어 꿈 이루리라

꽃처럼 예쁘고 아름다운 아가야
여린 초록으로 손을 내밀기 시작한 너
여름나무처럼 싱그럽고 건강하게
무럭무럭 잘 자라렴

하나밖에 없는 소중한 아가야
세상으로 소풍 나온 너의 앞길에
무궁한 영광 있기를
세상을 향한 너의 첫 울음에
하나님의 축복과 영광이
주안에서 이루어지기를 바란다

너를 향한 벅찬 사랑과 신비로움
성장하는 내내 영원한 마음이길
두 손 모아 기도 드린다

나의 사랑
나의 천사여

겨울, 순수 속으로

하얀 눈이 수북이 쌓인 날
그리운 얼굴 보러 가느라
몸보다 마음이 더 바쁩니다
마음속에서 잊혀지지 않았던 얼굴
그리움에 사무쳐
그에게 달려갑니다

정갈한 모습으로
언제나 쉬어 갈 수 있는
느티나무처럼 변함없이
웅장하고 싱그러웠던 그가
백지장처럼 하얀
얼굴을 하고 있네요

그동안 생과 사의 죽음을
넘나든 경험을 한 그가
삶과 죽음은 백지 한 장 차이라네요
그 얄팍한 벽을 넘나들며
암에서 힘들게 헤쳐나온 그는
여전히 옛 모습
간직하고 있었지요

그가 그러더군요
시인은 순수해야 된다며
사심을 버리고
자식에게 떳떳한
사람이 되라고요

상대를 배려하며
상대의 목소리에
귀 기울이며
언제 아팠냐는 듯
해맑게 웃는 모습
순수 앞에서는 병마도 꿈쩍
못하나 봅니다

책 선물을 한 보따리 받고
집으로 돌아가는 길
순수하다는 것

그가 눈 위에 핀
한 떨기 꽃이었다는 것을

그대 내게 한 잎 꽃으로 내리면
— 산통

아주 오랫동안 내 안에서
깊고 푸르게 자라
숲을 이루고
별이 된 이름이여
그대 있음으로 외롭지 않아

그대 내게 한 잎 꽃으로 내리면
파르르 퍼지는 슬픔 몇 덩어리
낮게 멍으로 드리우고
그대에게 무엇이든 드리리다

그대 내게 오실 때에는
고통으로 오지 말고
꿀물 같은 잠으로 조용히 오라
물푸레나무처럼
사랑으로 나지막이 오라

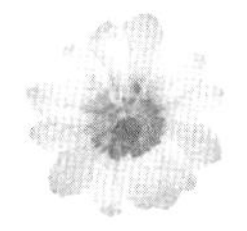

제3부

하늘을 닮은 그대

동백나무에 얼굴을 씻다

닭이 떡국을 먹는다
떡국을 먹은 닭은 긴 울음 울더니
동백나무 위에 서 있다
흉터가 흥건한 나무
상처가 곰삭아 “내부수리 중” 문패를 내건
뼈만 앙상한 나무
“아프니? 많이 아파?” 누가 살짝 물으면
휘청휘청 모든 걸 내려놓을 것만 같아
싸락눈 같은 흰 떡 한 가득 게워내
만신창이가 된 그 동백나무에게 먹인다
떡국을 먹은 건 닭이 아니라 동백나무다
동백나무 등 사이로 해가 돋는다
툭 불거져 꼬물꼬물한
동백나무 날갯죽지에 얼굴을 씻고
십 리 밖까지 등이 굽어지도록
싸락눈 뒤뚱뒤뚱 털어내며
붉은 삶의 꽃 피워 올린다

눈의 잠

민들레 홀씨처럼 흩날리는 눈은
도둑고양이처럼 소리 없이 오는 잠이다
부드러운 향기가 주는 날카로운 단잠

하늘에는 별이 있고
꽃가루처럼 네가 오고
겨울 수면 위로
떠오르는 눈은 따뜻하다

축제처럼 달콤하다

하늘을 닮은 그대

새벽녘 물안개 피어오르고
아침 햇살 은은하게 퍼지는
은파유원지 물빛다리처럼
당신을 처음 만난 날은
그런 아침이었습니다

초록이 세상을 채우고
물비늘 햇빛 받아
무성하게 부풀어 오른 유월

조금은 부족한 듯
조금은 넘치는 듯
앞만 보고 걷다
마른 풀 보며
눈시울 적시기도 하고
때로는 이루지 못한 꿈으로
노을 지는 허허로운 벌판에서
철새처럼 방황하기도 했던 순간들

꽃이 피고 지기를
스무 해를 넘기고
꽃이 하늘에 닿듯
별이 된 아름다운
추억 기억합니다

다시 돌아올 수 없는 생활일지라도
파란 기억 한편에서
참 아름다운 사람이었노라
가만히 이름 불러 보며
미소 짓고 싶습니다

물안개 피어오르는 물빛다리 위
아침 하늘을 닮은 그대 모습으로

내가 나를 충전한다

모든 걸 잊고
다시 시작할 거야
그래,
시작이야
자꾸 결심하며
마음 다잡는 날
가슴에 가시처럼 박힌 상처
널 이해할 거야
널 포옹해 줄 거야

다시,
사랑할 거야

행복 나누기

한가한 오후
아이들과 뒹굴며
두 뺨 비비고 논다
바쁘게 지내온 날들
가장 소중한 것 잊고 살았지
눈물 나도록 행복하다는 것
이런 걸 두고 하는 말일까

오늘 같은 날
세상을 다 가진 듯한 행복
별빛처럼 눈물이 쏟아지는데
아들이 허공에 던지는 말
"엄마! 나, 사랑해?"

오랜만에 엄마와 보내는
한가한 시간
아이는 자꾸 사랑을 확인하려 한다
사랑의 갈증
목이 많이 말랐나 보다

마음 비 내리던 날

온종일 비가 내 마음을 두드리던 날
빗물은 대지에 꽃피워 놓고
달빛처럼 하얗게 젖어
마지막 여름과 키스한다

비는
열정과 꿈이 있어 좋았던 시절 지나
엉켜진 생을 뜯는다
꺾어져 비틀거리는 날들 할퀴고
나는,
신들린 비를 마시며
빗속으로 천천히 들어간다

이봐
누가 더 시원하게 우는가
함 내기해볼 테야
이기면 내 시들어버린 생을
부활시켜 줘

온종일 비가 내 마음을 두드려
원초적인 고독에 헤매던 날
사람에 취하듯 비에 취해
그를 삼켜버린다

사랑을 길어올리는 아침

세상 사는 이치가
양면을 지니고 있다지만
기다려도 오지 않는 너
백만 번도 더
지옥 같은 세월 넘나들다
마음에 두 줄 그어댄다

탱자나무의
수천 수만 개의 가시가 되어
깃을 세우기도 했지만
또
너를 기다린다

햇살이 알알이 여물어
톡 톡 벙글거리는 아침
시린 눈물 쏟아내며
기도하는 마음으로 투망을 치지만

못다 한 사랑
정녕 오지 않는 너를 기다리다
플라타너스 너머로
사라지는 푸른 눈동자를 본다

비밀의 화원

불현듯,
선명해지는 느낌 있어
머리로 시를 쓰다가
흔적 없이 날려보낸다
황급히 메모지를 챙겨
앞에 두면 거짓말처럼
백치가 되고
대나무가 휑한 얼굴로
불퉁거리며 가야금을 탄다

또다시 써 내려가면
거미 한 마리
머릿속 활자 집어내
앙금앙금 씹어 먹으며
하늘을 향해 오르고 있다

아이비 넝쿨은
더 이상 자라는 게 의미가 없는지
온몸 휘돌아 감는다

얼릉, 일어나야지
아이비 넝쿨에 빨려
지하 마법의 돌사자 무덤에 갇히기 전에

쓸 것이 있었던 것과 없었던 것 사이
은밀한 이 행위를 이탈하여
아무 일 없었다는 듯

구름 일기장

살다 보면
희 · 로 · 애 · 락 겪으며
추억이라 이름 지을
아름다운 기억
한 조각 한 조각
퍼즐 맞추듯
훗날,
돌이켜보면
아름다운 오늘의
원동력이 될
뿌리 아니겠는가

기쁜 일
슬픈 일
징검다리 건너듯
한 발자국
한 발자국 내디디며
구름 일기장 한 페이지에
삶을 기록하고 싶다

꽃이 피기까지는

한송이 꽃
피우기 위해
사계절
슬프면 슬픈 대로
외로우면 외로움에 기대

모두 잠든 밤
홀로 눈물 훔치며
출산하고 있는
저, 붉은 꽃

가을날의 안부

습관성 그리움은
가을이면 어김없이 내게로 온다
이 계절, 전화를 건다
여러 번 신호음이 울려도 대답 없다

전화를 걸어도 연결되지 않는
푸른 아픔 딛고 상처되어
붉은 잎을 쏘아올린 가을
한 계절 건너지 못한 시간
건너가 품어보지 못한 그리움

계절의 둥근 터널처럼
깊은 뿌리 내리고 웅크리고 앉아
주어진 삶의 몫 감당하며
잘 살고 있으리라

그래도 아쉬워 전화를 건다
삐이삐~

나는 아주 잘 지내고 있어
아직은 견딜 만 해
가슴을 내려놓고
마음은 왜 이리 아린지
하루가 천 년이다

어린 게 한 마리

달빛에 잠긴 금강하구에서
날뛰던 망둥어 따라 잡힌
어린 게 한 마리
망둥어는 바다에 꽃잎처럼 띄워주고
어린 게만 달빛 보자기에 싸여
아들의 등에 업혀 집으로 왔다

달빛이 환한 베란다
어린 게 한 마리

어쩌다 어미의 손을 놓아
천하의 고아가 된 채
낯선 사람들 틈에 끼여 있는가

험한 세상
부모의 끈을 놓았으니
어린 게 한 마리
마음속에 파고들어
가슴이 미어진다

간 밤 무슨 일 있었나?

어린 게 한 마리
꿈인 듯 흔적이 없다
도대체 어디로 사라진 걸까

앗,
달빛을 타고 하늘로 간 걸까

삶의 경계에서
— 묘비명

自 : 2004. 7. 22.
至 : 2004. 7. 22.

소가 676401부터 소가 676450까지
(편안히 잠 못 든 그대 짧은 생애 곽란의 질주로
어둠에서 와 늪에 빠지다. 나를 따르는 이 나로 인해
멸망할지니 그대, 나를 버릴지어다.)

사람 위에 사람 없고
사람 아래 사람 없다는데
돈 위에 사람 있고
돈 아래 사람 있네

한낱 휴짓조각에
신용불량자가 되어
생마저 쉽게 포기하고
목숨을 버리네

뫼비우스의 띠처럼
돌고 도는 인생

햇빛은 눈부시게 소박하지만

사랑하는 가족
험한 세상에서 지켜낼
등불 되지 못하고
천륜도 인륜도 등한시한 채
꽃잎 되어 강으로 떠나가네

하나 둘 사라져가네

벌집

아카시아나무 꽃
흐드러지게 핀 호박산
사람 소리 가득한
아파트에 집 지어 놓고
배고픔 잃은 지 오래다

삶은
달빛처럼 온화하지도
절망적이지도 않으리라

달이 만삭으로
포동포동하게 살이 올랐다
더불어 별빛이 환하다

아이에게
달빛을 입에 물린다
달빛이 아이를 키운다

내 가방 속에는

부피가 큰 내 가방 속에는
흰 눈 뻐끔뻐끔 굴리며
배시시 느리게 웃고 있는
악어 한 마리가 산다

아침 저녁으로 부지런히
주워 담으며
채울 줄만 알고
버릴 줄 모르는
욕심쟁이 악어가 산다

나를 길들이며
내가 흔들릴 때마다
심금 울리는 선율로
피아노 연주 해주는
시절 좋은 악어가 산다

내가 아는 사랑

사랑이란
잡아당겼다
놓았다 하는
바닷가 파도의 울렁임

사랑이란
시편의 달콤한
밀어와도 같은
속삭임

사랑이란
알고도 모른 척
모르고도 아는 척
참견하는 것

사랑이란
아픔도 슬픔도
배려로 감싸안아
이해하는 것

사랑이란
하고 많은 수많은 별들 중
오롯이 나만의 별 마음속에
품는 것

그리하여 마음의 별
가꾸고 빛내주는 것
모든 것을 비우고
내 안에 상대방을 채워가는 것

하여
목숨과도 바꿀 수 있는
귀중한 기도 같은 것

제4부

연둣빛 애벌레 하늘을 날다

바닷새

낯선 바다를 걷다
설움에 밴 바닷물에
커피 한 잔 타 마시며
찬란하게 부서지는 바다 위
투명한 햇살 감상하는데
바다를
들어 올렸다 놓았다 하는 바닷새

나도
바닷새 흉내를 내며
마음을 들었다 놓았다
조용히 내려 놓는다

가는 햇살 등지고
아픔 훨훨 털어내며
수평선 위로
눈부시게 비상하는 바닷새
날 저물도록 아름답다

만월滿月

달빛이 수정같이 밝은 밤이면
보이지 않던 내가 보이고
황망했던 세월의 뒤안길에
달빛이 제 그림자로 길을 연다

돌이켜 생각해 보면
한 세상 욕심내며 살 일도
용서 못할 일도 없건만
무시로 세상이란 그물에 얽혀
혼자 발 동동 구르는가

그럴수록
지상에서 가장 쓸쓸한 한 떨기 꽃
살아온 날들
달빛을 붙잡고 편지를 쓰다
시간을 꼭꼭 씹어 쌓아둔
부석부석한 겨울 저녁
이별 같은 달빛에
눈빛 고운 새가 된다

연둣빛 애벌레 하늘을 날다

벚나무 잎사귀에 잠긴
연둣빛 애벌레
텅 비어 있을 때
비로소 허공에
날갯짓한다

풀잎으로
드러눕는 외로움에
삶을 포기하고 싶었던 적도
상식이 통하지 않는
길 아닌 길에서
무릎을 굽혔던 적이
어디 한두 번이던가

온몸 지탱하며
살아야 하는 건
흩어진 꽃잎
한 잎 두 잎 돌아오고

오래도록 무겁게 감싸던 껍질도
가만 가만 풀려
연초록 물비늘
허물을 벗어 힘차게 비상한다

* 틸란

꽃을 피우고 지우는 것이
마음을 비우는 일만큼 쉽겠니
자고 나면 스치고 지나간 자리
털어내고
칼날 같은 새 자리에
너를 세우는 일
눈물 보이지 않는다고
어찌 슬픔을 모르겠어
날마다 웃음 뒤로 눈물 뿌려
보랏빛 상처 찍어내고 있는
네 조용한 울음이란 걸
이젠 알겠네

---

* 틸란 : 난초과의 식물

낙엽 편지 3

병아리 깃털 같은
은행잎이
연인들의 편지처럼
바람에 날린다

짧은 생애
치열하고 강렬한
마지막 소식을 보낸다

햇살은 아직도 뜨거운데

꿈에

랭프의 심지가 다 타버렸다
내가 끈 것도 아닌데 꿈도 정전되었다
나를 지배할 수 없었던 꿈, 갈증을 남기고 한 잔의 공포와 한 줄의 시와 주홍글씨로 새긴 "희망"이라는 목걸이를 남긴 채, 보트를 타고 버지니아 울프의 방울소리를 찾아 떠났다
철퍼덕 철퍼덕 소리들이 바다처럼 신음한다
삐거덕 삐거덕 꿈들이 소용돌이친다
신음하며 흔들릴 때마다 뻥튀기 장수는 아기 한 명을 넣고 튀밥을 튀긴다
절대법칙을 어기는 법이 없다
한 번에 한 명씩 아기가 부풀어 오른다
단풍처럼 붉게 익어간다
시계의 초침은 흐르고 아기가 적당히 구워진다
이제 시작이다 굉음의 폭죽이 터진다
화려하게 불꽃이 튀기고 축제가 벌어진다
팔뚝만 한 아기가 스무 살 앳된 처녀로 성장해 튕겨 나온다 사람들은 말한다 아이를 뜯어먹기에 좋다고, 가엾은 내 아이 나를 지배하는 이 고통에서 벗어나고 싶다
아이를 살려 달라고 울부짖으며 애원한다

배가 고프다. 절대 위기의 순간에 배가 고프다니, 붉게 타오르는 태양을 마시고, 헛개나무 고래 등심 줄같이 질긴 푸른 잎을 한 잎 베어 문다

처녀가 된 아이의 겨드랑이에 날개가 돋고 다시 아기가 되어 램프 속으로 날아간다

램프의 창에 대고 속삭인다

아가야, 날개 돋친 아가야

어서 나오렴, 방울 사왔어

낯설어진다는 것

팽팽하던 긴장이
후두둑 후두둑
빗방울로 내리고
마음은 안주할 곳 없어
마른 상수리나무처럼 우두커니
먼 하늘을 응시한다

어제의 눈부심으로 꽃피우던
꽃망울 고개 떨구고
침묵만이 도도히
길을 내며 자꾸 생겨나는 아픔
길을 가도 끝이 보이지 않는 슬픔

흘러갈 강물이라
위안해보지만
그럴수록 위험 수위는 높아져
홍수처럼 흘러내린다

심상치 않은 바람으로 흔들리며
등 돌리고 앉아 느리게 멀어지는
무관심한 이중의 얼굴
참 심술꾸러기다

만약에

오렌지빛 햇살 살포시
고개 드는 한가로운 오후
“엄마, 만약에 누가
돈을 한 가방 주면서
나하고 바꾸자고 하면 바꿀 거야? ”
“아니”

“그럼, 우리 집을 가득 채우고도 남을
황금하고 나하고 바꾸자고 하면 바꿀 거야? ”
“아니”
“엄마, 진짜 만약에
나랑 똑같이 생긴 애랑
나랑 바꾸자고 하면 바꿀 거야? ”
“아니, 가짜랑 절대 안 바꿔
쉿! 있잖아 비밀인데
엄마 아들은 너무너무 소중해서
그 누구도 대신할 수 없단다”

한낮 엄마의 눈부신 사랑에
마음 한 페이지를 내준
아들의 눈빛은
햇살보다 더욱 더 반짝인다

꿈꾸는 풍선

바람을 넣는 것보다 빼는 것이
산을 오르는 것보다 내려오는 것이
마음을 채우는 것보다 비우는 것이
더 어려운 것을 알겠네

꽃도 한순간에 피는 것보다
낙화하는 일이 더 힘들다는 것
하루하루 조금씩 사위어가는
모습 보니 알겠네

살아가면서 종종걸음치듯 만난
눈보라로 마음 게워낼 일이
좀 많은 세상이지 않던가

나도 너처럼
마음을 조금씩 비워
그리움처럼 전송되어 가벼워지고 싶다
날마다 해 뜨고 지는 세상에서
햇살처럼 골고루 퍼져
행복한 즐거움을 줄 일이다

인생 프로그램에 이정표는 없다

어제를 길게 늘어뜨린
서해안 고속도로를 달리며
비인 하늘 방황하던
별 하나 내려와
창을 열어 길을 낸다

닦아도 닦이지 않는 사랑
날카로운 외로움에 지쳐
부서지는 것들로부터 쫓기고
사라지는 것으로부터 달리다

얼마 남지 않은 생을 본다
살아온 날만큼의 과거와
살아갈 날만큼의 미래가
한눈에 보인다

고독도
서해안 고속도로에서는 이탈한다
헛되고 덧없는 세상이 고요로 타들어간다
구름 위를
산책하던 나의 서른여섯도

햇빛 찜질방

툇마루의 햇빛
깽깽이 풀로 눕는
새들처럼 착하다
햇빛을 타고 나른한 오후
찜질하는 사람들
서로
달콤하게
재충전하며 가벼워진다
햇살 한 줌
햇살 한 줌
나눌수록
햇빛은 고갈되지 않고
유서 깊은
별빛처럼 쏟아져

인생 최고의 행복을 즐긴다

오미자차를 만들며

머리를 맑게 해 준다는
오미자차를 만들기 위해
양푼에 오미자 한 주먹 가득 넣어
생수 한 통 시원하게
쏟아붓고
진안 금마에서 사온
양재 벌꿀을 넣고
냉장고에
하루 밀봉시켰다

바짝,
동여매고 숙성된 하루
햇살 터지는 소리 들린다

친구에게

밝고 명랑한 웃음
갈대 같은 습성으로
듬직한 엄마 모습 보일 때
맑은 미소와 웃음으로
아이는 한 뼘씩 자라고

책 읽는 엄마의
아름다운 모습 보면서
자란 아이는
푸른 하늘보다
깊은 바다보다
사색이 깊어
남을 배려하는
마음씨 고운 아이로 성장하겠지
밝고 건강한 아이

엄마 닮아 참 예쁘더라

아프지 않는 생은 없다

울긋불긋
화려하게 피어난 꽃
금세
시들해진다

묻고 싶다

한 번이라도
온몸 불태워
생을 피워본 적 있는가

엄마의 얼굴

얼굴의 작은 표정까지
아이는 관찰하고 있었던 걸까
화난 듯 찡그린 얼굴에
미동도 하지 않는다

칠천여 가지나 되는 표정들 중에
용케도 아이는
저를 사랑하는 표정
미워하는 표정은 잘도 읽는다

엄마의 얼굴은
아이에게
웃음도 슬픔도
모두 담아 버렸다

검은 입이 쏘아올린 말

여고 시절 똥싼바지란 별명을 가진 선생님이 있었다
끌고 다니는 그의 바짓가랑이 너무 깊어 추했다
웃음 속에 묻힌 속도를 잃은 시간들이 자맥질한다
눈부신 고뇌와 절망의 꼬리를 흔들며
탁한 잉어 한 마리 자라고 있었다

한 번도 바람에게 길을 내주지 않았던
길 밖으로 밀려나지 못한 끈끈한 일상이
때론,
작고 사소한 것에 목숨을 건다

그가 쏘아올린 검은 말語 때문에 생生이 아프다
고독이 너무 길면 추하고 외로움도 고도로 질주하면
직립보행을 할 수 없다는 것을
시린 기억의 아픔이
힘겹게 햇살을 향해 떨구어낸다

희망의 꽃

나는 민주시민정치교육이란 이름 아래
한 아름의 꽃 가슴에 안았으니
필리핀, 캄보디아, 중국, 베트남, 우즈베키스탄, 한국인이
하나 되던 순간

산수유, 개나리, 진달래꽃보다
아름다운 사람 꽃을 보았네
더욱 눈부신 희망을 보았네
누구에게나 마음 따뜻해질 때 있으니
꽃보다 사람이 아름답다는 말
그보다 더 진한 향기
우리는 하나라는 말

말로 하지 않아도
눈빛으로 몸의 언어로
우리는 희망이라는 이름으로
하나로 이어지고 있으니

그대
투명한 햇살 아래
샤방샤방 희망이 돋고
세상 사람들이 환하게
웃을 희망의 꽃
우리 함께 피워요

■ 작품해설

비우기와 채우기와의 사이에 대한 미학

소재호

비우기와 채우기와의 사이에 대한 미학

— 이효순 시인의 시가 형상화로 변용하는 "생애의 서사敍事"

소재호

(시인 · 전 전북문인협회 회장)

1

서정주의 시 『국화 옆에서』에서 국화를 "거울 앞에선 누님 같은 꽃"에 비유했다. 국화는 늦게 서리 맞으며 피는 꽃으로서 많은 계절을 지내온 온갖 풍상우로를 경험한 꽃이다.

꽃이 겪어낸 세월은 긍정적인 면과 부정적인 면을 모두 수반한다. 더욱 이를 추상화 개념화한다면 선악을 함께 아우르며 선목적으로 지향하는 삶이지만 역시 많은 데카당스도 함유한다. 아직 늘그막에 이르지는 않았지만 청춘을 약간 비낀 누님은 완숙한 경지를 맞는다. 내밀한 인생의 의미를 빚기도 하고 심층적 자아 성찰에도 소홀함이 없다. 국화향기는 어느 꽃에 비교하여도 그 농도가 짙다. 사실 농염함도 타의 추종을 불허한다. 예쁘고 고운 티가 아직 그대로인 누님과 국화꽃의 이미지는 그 연계성이 강하다. 국화꽃이 지난 세월의 나이테를 많이 두르고 있는 동시에 훌쩍 허공에 솟는 바, 이 상징어인 국화꽃은 대칭적 시공의 "사이"가 존재한다. 지난날과 미래가 "틈"을 두고 있음과 동시에

이 틈은 다시 인문학적 형상화의 형태를 이룬다. 국화가 일상의 향리에 뿌리를 서려 두되 초속超俗의 경역에 닿는 승화가 있다. 다시 이를 초월이라 말할 수도 있을 것이다. 즉 보여지는 이미지와 보여지지 않는 이미지와의 절묘한 교합이 눈에 띈다.

이효순 시인은 그의 일상에서 생물학적 생존 행위에서 시발한다. 호모사피언스다운 인간적인 것들의 속성으로 말미암아 발양되고 발효되는 누적 분량의 굳어진 양식이 한 차원 높은 "문화"일 것이다. 다시 부연하면 호모심볼리쿠스라는 "상징인"을 함축하는 의미로 발전한다. 최소한 시인은 이런 경지에 다다라야 하는 당위성을 가진다. 새로움의 발견이란 새로운 방향으로 지향하는 평상의 전복顚覆이다. 의례적인 것으로부터의 역설이며 더 원초적 본질에로의 역류이겠다.

인문학적 접근으로는 젊은 시절에는 전혀 누리지 못했던 바, 나이 지긋한 때에 화들짝 깨어나는 자기 성찰이다. "젊음의 뒤안길에서 돌아와 거울 앞에 선 누님"은 일상의 향리鄕里에서 초속超俗하여 이르는 새로운 세계에의 안착일 터이다. 시란 일상의 일을 노래하면서도 창조된 다른 세계를 펼쳐주는 역할을 해야 한다. 이미 이런 점으로 차원을 달리하는 예술적 행위로서 시의 작업은 그 필연성에 닿는다.

이효순 시인은 그의 일상에서 삶을 경영하되 그 전반에서 본질과 원형을 깊이 있게 통찰해내며 다시 그 아우라를 형상한다. 존재와 부재 "사이" 곧 "틈"을 정확하게 형상화한다. 이효순 시인의 예술성 발효는 이 보여지지 않는 것의 깊은 안섶에서 들추어 내는 진정한 원형, 그 순수한 극진함에서 유발한다. 가시적 진실이 아니라 숨겨진 진실을 끌어내어 자기 의도를 담아 만지작거린다. 아주 젊은 나이가 아니라 잘 익은 살굿빛 나이로 숙성되고, 군더더기를 벗어던지고 나서 고유의 형과 모에 다다른 정돈된 자아만이 일으키는 사유로서 이를 정치하게 가다듬어 시를 빚는 것이다. 이 때 마흔쯤 되는 나이가 필요하다. 왜 꼭 마흔쯤 되는 나이인가? 이는 시인이 시를 구도함에 있어서 절묘한 타이밍이다. 이효순 시인은 자꾸 새로운 경역에 다가가서 새로움을 발견하고 그 연파하는 이미지의 개연성에 입각하여 역시 새로운 카테고리를 벌린다.

가령 이효순 시인의 지난날의 추억은 "없어진 일"에의 서글픔이거나 애상이거나 어떤 상실감 또는 별리의 아쉬움이 결코 아니고 오히려 아름다운 정리情理에 집요하게 접근하여 긍정적 정서로 승화시켜내는 특성을 갖는다. 다시 예컨대 "이별"은 슬픔, 서러움 등의 어떤 감성의 저항이란 막아선 정서의 변곡점을 지나와 아름다운 잔영, 잔상만 축출해낸다. 이런 허다한 데카당스를 벗어 던지면 아름다운 원형만 남는다. 이는 젊은 감성의 지배를 벗어나는 지순한 경지이다. 이효순 시인의 심상은 이렇게 청정한 시적 소양을 담지한다.

그가 발견해내는 "틈"은 사랑의 지속성과 이별과의 "사이"이다. 이 "사이"에는 의미심장한 상징을 담는다. 존재와 부재 사이를 왕래하며 또는 누리며 그 광대무변한 미적 세계를 연출한다. 가시적 외연은 "틈"에 끼어들 수가 없다. 어떤 참신한 것들의 내포이다. 무의식의 언어가 곧 상징인 이 지점에서 발효된다. 모두에서 상징의 의미는 광의의 그것이었지만 이제 전형적 시에서의 상징은 상념, 개념 또는 추상을 실제의 깊은 의미가 부여된 사물로 치환됨을 일컫는다. 이를 다시 "형상화"라 말한다. 형상화는 꼭 명사적 의미의 사물만을 이르는 것이 아니고 어떤 일의 서사적 과정까지도 망라된다. 예컨대 "태극기"가 상징어라면 "태극기를 휘날리기"도 상징어란 뜻이다.

이효순 시인의 시는 말하자면 시적 테크닉에 함몰되어 그 외양으로 실상이 가려지는 모습은 나타나지 않는다. 또한 언어유희로 미학적 이미지를 훼손하는 우를 범하지도 않았다. 시적 자아의 나이 마흔을 넘겨 겨울 앞에 고요히 앉아 미열을 다스리는 슬기가 자꾸 필자의 시선에 띈다. 시적 자아의 완성이란 자기 개성의 객관화를 통해서 사물의 본질을 합목적적으로 재구성하는 일련의 수련 행위이다.

2

이효순 시인의 시에서는 참된 이미지의 형상을 부단히 배양한다. 비우기와 채우기의 대칭적 조화의 미학과 사이나 틈에서 고차원의 진실을 끌어낸다. 사물의 미학적 상징화하기 등을 통해

그의 정신세계를 아름답게 또는 순수하게 한껏 넓히려는 고뇌가 오히려 알뜰하다. 이런 시의 경작법은 장차 이효순 시인이 고운 작풍作風의 선녀를 불러오고 말 것이다.

이제 그의 시 몇 편을 골라 감상해 보고자 한다.

마음이 흔들릴 때면
하늘 아래 파란 구름을 배경으로
밑줄 한 줄 거침없이 그렸습니다
바람이 가끔 기웃거렸고
햇살이
정열적인 햇빛 토해내면
두 팔 걷어붙이고 연례행사처럼
찌든 빨래 싹싹 빨아
털어내며
밑줄 친 허공에 널어댑니다

지난날 좀체 읽히지 않던
마른 버짐 푸석이던 얼굴
씻고 또 씻어내며 삶에 찌든 나를 빨아
밑줄 한 줄 그려보고 싶었던 날 있었지요
모든 걸 던져버리고
통통,
날아오르고 싶었던 날 있었지요
그래요 내겐
눈부시게

햇살이 아까운 날 있었지요

—「나를 빨아 널다」 전문

이 시는 이효순 시인의 시를 독해하기에 가장 알맞은, 그의 시를 예찬하기에 딱 맞는 그런 전형의 시이다. 이 시에서 바로 마흔쯤 되는 나이를 넘어서야 당도하는 인생의 광장이 설정된다. “지난 날 좀체 읽히지 않던 / 마른 버짐 푸성이던 얼굴 / 씻고 또 씻어내며 삶에 찌든 나”는 마흔 이전의 젊음의 뒤안길인 동시에 파란만장한 삶의 애환들을 표상한다. 지금 바야흐로 여기에서 벗어나기 위해 일획의 “선”을 긋는다. 과거를 “금”긋고 미래의 풋풋한 삶에게로 나아가려는 자기 전환점에서 많은 회한과 그 잔상이 나부낀다. 그게 하얀 빨래이다. 빨래는 바람을 만나 나부끼는 것이다. 이때에 눈부신 햇살이 고결하게 다가온다. 무서리마냥 내리던 가을날 뜨락에서 국화가 황금빛 새 세상을 열듯 애환의 지난 세월을 건너오는 생애의 서사들이 연속된다.

선을 긋는 지점에 과거와 미래를 분리하려는 대칭의 가장 가운데에 현재라는 거룩한 “사이”가 놓여진다. 이 “틈”은 하늘과 지상이라는 공간을 가름이요, 과거와 미래를 구분하는 시간의 변별이다. 빨랫줄은 허공과 지상의 사이를 대칭해내는 “선”이다. 이는 실상과 허상의 이분법을 절묘하게 이어 붙임이기도 하다. 흰 빨래는 지상에서 흰 구름은 하늘에서 펄럭인다. 펄럭임은 교집합의 그 어름이다. 이 분리를 넘어서는 교합은 절묘하여 매우

경이롭기까지 하다. 가령 수평선은 하나의 가늘한 보라색 선인데(시각적 착시로) 이는 하늘과 바다가 맞닿는 광활함과 광활함의 비접촉 상황이다. 이처럼 "선"은 이 시인이 교묘하게 형상화해낸 것이다. "삶에 찌든 자아"를 통째로 버리지는 못한다. 군더더기 더러운 오염만 벗어던지고 가장 순수함, 가장 정갈함의 정수를 빚어 "빨래"를 등장시킨다. 빨래는 이 시인의 동반자요 한편 이 시인 그 분신이다. 새로이 정화된 자아를 신성한 공간에 내놓아 생동감 있게 펄럭이게 하는 것이다.

비로소 진실하고 순수한 삶이 부상한다. 여기에서도 힘겨웠던 과거를 비워내고 새 삶의 미래를 눈부신 햇살과 함께 채운다. 아주 더러운 시궁창에서 연꽃이 피어나듯이 땅에 발 디디던 존재자는 신성한 하늘(하나님, 미래)에 내걸리며, 초속超俗의 지경을 넘어 노자의 광막한 세계에 안착한다. 구상적 사물들에서 벗어나 무형의 햇살에 이르러 빨래의 생애는 순수의 여정을 펄럭인다. 자연의 사물들은 의인화되어 공감각적으로 시정을 북돋운다. 빨래는 상징성의 전형이다. "빨랫줄을 하늘에 밑줄 긋기"로 형상하는 발상은 참으로 신선하다. 다시 「폭설」이란 시를 만난다.

밤새 안녕이라는 틈 사이로
한 잎 한 잎 내리던 눈은

쌓였던 그리움 켜켜이
블랙홀처럼 까마득해지는 날이 있다

목련꽃 같은 눈꽃송이
드문드문 낯선 시간만 피어
그에게 전화를 건다

내게 와 줄 수 있어?

눈 내리는 숲 앙상한 나뭇가지
얹혀 있는 햇솜처럼
가슴이 아려

—「폭설」 부분

이 시에서도 "틈 사이"를 현묘하게 형상하였다. "밤과 아침 사이"(어둠과 밝음 사이) "그리움과 그 그리움이 블랙홀로 빨려들어 까마득해짐과의 사이" "묵은 시간과 새로이 다가오는 낯선 시간과의 사이" "눈의 만상 지우기와 뜨거운 햇솜 쌓기와의 사이"가 두루두루 동선動線을 잇는다. "틈"은 두 사물의 좁은 간격을 의미하지만 우주를 한 광장에 통괄統括하는 광막한 하얀 세계를 창조한다. "틈"의 미학은 이렇게 역설로 궤변적 발상에서 출발한다. 「별숲에 들다」의 시에서도

별빛 위로
여린 별들 돌아
별숲이 된
산자락에 들면
별똥별 하나
심장에 빛을 긋고

빛을 품은 시인의
고운 숨소리 들린다

—「별숲에 들다」 부분

"별똥별 하나 / 심장에 빛을 긋고"의 시행이 있다. 심장에 빛의 선을 치는 형상을 구조함도 매우 특별하다.

햇빛을 긁어모으는 중입니다

햇빛과 나뭇잎 한 장에
꿈을 담아 나의 숲으로
옮겨다 놓는 작업을 준비 중입니다
한 시절 아름답게 장식할
희망을 키우기 위해

—「부재중」 부분

햇빛과 나뭇잎은 동격의 사물로 배치했다. 햇살과 나뭇잎을 함께 혼합하여 하나의 용기를 만들고 이 그릇에 꿈을 담아서 "나의 숲"으로 옮기는 신성한 작업을 시인은 정중히 수행한다. 제목이 "부재중"이다. 여기서도 비우기와 채우기의 절묘한 대칭적 상황이 있다. 비워내고 채우는 일은 행위이며 작업이며 그러므로 서사이다. 나뭇잎은 계절의 종말에 다다른 낙엽일 터이다. 성무의 쇄락, 존재의 부재, 그렇게 비워지는 무허의 뜰 "있음"에서 "없음"으로 진행되는 동안 조금도 쓸쓸함이나 허무감이나 상실감은 존재하지 않는다. 새로운 세상으로 유전해가는 진지한 정진은 그 나름의 미학이 드러난다. 이별에서 그 슬픔의 인자는 소멸되고 단박에 희열의 심리로 굽이치는 바, 이효순 시인의 시 속에서 시적 자아는 품격이 고매할 뿐이다. 여기서 "나의 숲"은 일종의 꿈꾸는 이상의 세계일 것이다. 나뭇잎 지는 철에 새로이 따뜻한 햇살을 영인迎引하여 무성한 숲을 만들다니 이 어마어마한 패러독스와 아이러니를 경탄하지 않을 수 없을 것이다.

3

쓸쓸한 날
바다에 앉아
흘러가는 것을 내려다본다
흘러가는 것이 어디 물뿐이랴
다만 귀 기울여 유리문 안

깊고 푸른 슬픔 훔쳐보다
깨져 산산이 부서지는 나

어디 부서지는 것 바다뿐이랴
어디 깨지는 것 사람뿐이더냐
흘러가는 것은 흐르는 대로
깨지는 것은 깨지도록
내버려 둬라

—「유리 바다」 전문

이 시에서는 잔인한 분쇄와 파탄이 화두이다. 만물의 실재를 분산시키고 파괴하여 곧 기존의 형질을 산산이 부셔버린다. 그리고 다시 자연스럽게 재정립되는 세계를 맞이한다. 즉 더 최초의 원형질에 상도上到함을 암시한다. 색즉시공色則是空 공즉시색空則是色하는 이치이다. 있음은 없음이요, 없음은 있음이로다 하는 뜻이다. 실상을 해체하여 흐르는 대로 두어 노자의 "스스로 그러한 대로"에 접응시킨다. "내버려 둬라" 이게 바로 자연으로 회귀를 일컬음이다. 「하늘을 닮은 그대」의 시에서도 추억 속의 사랑이야기는 아름답게 연상된다.

새벽녘 물안개 피어오르고
아침 햇살 은은하게 퍼지는
은파유원지 물빛다리처럼

당신을 처음 만난 날은
그런 아침이었습니다

초록이 세상을 채우고
물비늘 햇빛 받아
무성하게 부풀어 오른 유월

조금은 부족한 듯
조금은 넘치는 듯
앞만 보고 걷다
마른 풀 보며
눈시울 적시기도 하고
때로는 이루지 못한 꿈으로
노을 지는 허허로운 벌판에서
철새처럼 방황하기도 했던 순간들

꽃이 피고 지기를
스무 해를 넘기고
꽃이 하늘에 닿듯
별이 된 아름다운
추억 기억합니다

—「하늘을 닮은 그대」 부분

물안개, 은은한 햇살, 초록의 세상, 물비늘 햇빛, 무성하게 부풀어 오른 유월…… 이들 아름다운 상관속은 함께 구조하여 아름다운 사랑의 추억으로 환원시킨다. 여기서도 부족함과 넘침, 꽃의 피고 지기, 비우기와 채우기 등의 대칭적 조화가 미학적 형국을 구축한다.

> 불현듯,
> 선명해지는 느낌 있어
> 머리로 시를 쓰다가
> 흔적 없이 날려보낸다
> 황급히 메모지를 챙겨
> 앞에 두면 거짓말처럼
> 백치가 되고
> 대나무가 휑한 얼굴로
> 불퉁거리며 가야금을 탄다
>
> 또다시 써 내려가면
> 거미 한 마리
> 머릿속 활자 집어내
> 앙금앙금 씹어 먹으며
> 하늘을 향해 오르고 있다
>
> 아이비 넝쿨은
> 더 이상 자라는 게 의미가 없는지
> 온몸 휘돌아 감는다

얼룽, 일어나야지
아이비 넝쿨에 빨려
지하 마법의 돌사자 무덤에 갇히기 전에

쓸 것이 있었던 것과 없었던 것 사이
은밀한 행위를 이탈하여
아무 일 없었다는 듯

—「비밀의 화원」 전문

이 시의 제목은 소설적인 제목이다. 스토리가 사뭇 시공의 전개에 따라 흐름을 이어간다. 제임스 죠이스의 소설『유리시즈』처럼 의식의 흐름이 보인다. 잠재의식과 의식, 무인식과 인식의 사이사이를 넘나드는 뇌리의 자동적 사고의 작동이 이어진다. 바로 오토메이션인 셈이다. "선명한 느낌" 이 "백치" 로 치환되고 그 틈을 열고 들어와 대나무가 가야금을 타는 형용은 매우 모더니즘 수법을 닮는다. 무성음의 공간에 갑자기 뛰어든 탄금의 소리는 기발한 형태이다. "쓸 것이 있었던 것" 과 "없었던 것" 사이는 도대체 무엇인가? 아마도 무의식의 언어가 아닐까?

4

낯선 바다를 걷다
설움에 밴 바닷물에
커피 한 잔 타 마시며
찬란하게 부서지는 바다 위
투명한 햇살 감상하는데
바다를
들어 올렸다 놓았다 하는 바닷새

—「바닷새」 부분

이 시는 말도 안 되는 말들이 비논리적 체제로 배치되었다. 이질적 상반된 의미의 용어들이 함께 어울려 시상을 구도한다. "설움의 바다를 커피에 타서 마셔버리고" "바다를 부셔버리고" "투명한 햇살이나 감상하자." 그리고 "바닷새"로 하여금 이런 조무래기 바다를 들었다 놓았다 하게 하자. 말하자면 이쯤 되는 이야기이다. 얼마나 허무맹랑한 허구인가. 그러나 진정성의 자아는 관찰자 시점으로 사물의 본래적 정경을 깊이 통찰하고 있는 것이다.

달빛이 수정같이 밝은 밤이면
보이지 않던 내가 보이고
황망했던 세월의 뒤안길에

달빛이 제 그림자로 길을 연다

돌이켜 생각해 보면
한 세상 욕심내며 살 일도
용서 못할 일도 없건만
무시로 세상이란 그물에 얽혀
혼자 발 동동 구르는가

그럴수록
지상에서 가장 쓸쓸한 한 떨기 꽃
살아온 날들
달빛을 붙잡고 편지를 쓰다
시간을 꼭꼭 씹어 쌓아둔
부석부석한 겨울 저녁
이별 같은 달빛에
눈빛 고운 새가 된다

—「만월」 전문

이 시에서는 "진정한 자아"의 상이 확연히 부각된다. 여기에도 중년의 지긋한 나이가 배경을 이룬다. "보이지 않던 내가 보인다."는 진정한 자아에게의 회귀로 자못 진지한 자기 성찰이 드러난다. "어둠의 나"에서 "밝음의 나"로 진전하는 데는 수정같이 밝은 달이 매개한다. 달은 어둔 제 그림자가 수행하듯 황망했던 과거가 시인의 그림자로 따라 붙는다. 달빛은 이중적 이미지가 중첩한다. 스스로 이별을 머금기도 한 우수에 찬 달이 오늘따라 참으로 밝다는 것이다. "달 → 나 → 새" 로 이미지의 전이를 밟아가며, 이 세 가지 소재는 스스로 밝은 앞면과 어둔 뒷면을 거느린다.

바람을 넣는 것보다 빼는 것이
산을 오르는 것보다 내려오는 것이
마음을 채우는 것보다 비우는 것이
더 어려운 것을 알겠네

꽃도 한순간에 피는 것보다
낙화하는 일이 더 힘들다는 것
하루하루 조금씩 사위어 가는
모습 보니 알겠네

— 「꿈꾸는 풍선」 부분

이 시에서도 어김없이 비우기와 채우기 그 대칭적 조화의 미학이 형용되어 있다. 비운 뒤의 공허를 아름다운 포만으로 환원하는 재주가 보인다. 인생 관조와 인간 성찰이 심층적으로 형용된다. 시에서 무기교가 상기교라는 말이 있다. 물론 역설과 반어, 은유와 상징이 절묘하게 구조되는 시들이 많지만 일체의 잔재주를 허락치 않고 거침없는 화술로 시를 작업한 것이어서 이 시인의 문학적 소양의 깊이를 짐작게 한다.

부디 건승하시고 문운 융창하시길 빌며 산만한 필자의 췌사를 맺는다.

이효순 시집

별숲에 들다

인　　쇄 | 2012년 11월 10일
발　　행 | 2012년 11월 15일

지 은 이 | 이 효 순
발 행 인 | 서 정 환
발 행 처 | 신아출판사

출판등록 | 1984년 8월 17일 제28호
주　　소 | 서울시 종로구 삼일대로 32길 36
(익선동 30-6 운현신화타워 빌딩) 301호
전　　화 | (02) 3675-5633, (063) 251-3885
E-mail | essay321@hanmail.net
sina321@hanmail.net

값 9,000원

ISBN 978-89-97700-79-0 03810

이 도서의 국립중앙도서관 출판시도서목록(CIP)은 e-CIP홈페이지(http://www.nl.go.kr/ecip)와 국가자료공동목록시스템(http://www.nl.go.kr/kolisnet)에서 이용하실 수 있습니다. (CIP제어번호: CIP2012005287)

· 이 책은 문화예술진흥기금을 지원받아 출판되었습니다.